Vicepresidente

Julie Murray

Abdo
MI GOBIERNO
Kids

abdopublishing.com

Published by Abdo Kids, a division of ABDO, PO Box 398166, Minneapolis, Minnesota 55439.
Copyright © 2019 by Abdo Consulting Group, Inc. International copyrights reserved in all countries.
No part of this book may be reproduced in any form without written permission from the publisher.

Printed in the United States of America, North Mankato, Minnesota.

052018

092018

THIS BOOK CONTAINS
RECYCLED MATERIALS

Spanish Translators: Telma Frumholtz, Maria Puchol

Photo Credits: Alamy, AP Images, Getty Images, iStock, Shutterstock,
©US White House p.15,22, ©US Navy p.22, ©US Congress p.23

Production Contributors: Teddy Borth, Jennie Forsberg, Grace Hansen

Design Contributors: Christina Doffing, Candice Keimig, Dorothy Toth

Library of Congress Control Number: 2018931605
Publisher's Cataloging-in-Publication Data

Names: Murray, Julie, author.

Title: Vicepresidente / by Julie Murray.

Other title: Vice President. Spanish

Description: Minneapolis, Minnesota : Abdo Kids, 2019. | Series: Mi gobierno |
    Includes online resources and index.

Identifiers: ISBN 9781532180132 (lib.bdg.) | ISBN 9781532180996 (ebook)

Subjects: LCSH: Vice Presidents--United States--Juvenile literature. | Government officials--
    Juvenile literature. | United States--Politics and government--Juvenile literature. | Spanish
    language materials--Juvenile literature.

Classification: DDC 352.230973--dc23

Contenido

Vicepresidente

Cada 4 años hay elecciones a presidente. Éste elige a su vicepresidente.

Sólo puede ser elegido si ha nacido en Estados Unidos. Tiene que tener por lo menos 35 años.

La gente vota para elegir el gobierno que quieren. ¡Un equipo gana!

¡John Adams fue el primer vicepresidente de Estados Unidos!

¡El vicepresidente tiene un
trabajo importante que hacer!

Ayuda al presidente.

Dirige el **Senado**.

Ayuda a aprobar **leyes**. Puede deshacer un empate de votos.

Chloe conoce al vicepresidente.

21

¿Cuál es el trabajo del vicepresidente?

ayudar a aprobar leyes

ayudar al presidente

dirigir el senado

segundo cargo más alto

Glosario

ley
regla reconocida por un país
o comunidad.

Senado
una de las dos cámaras que forman
el Congreso americano y que ayuda
a dirigir el país.

Índice